I0782692

Le long Chemin de la Présidence de la Guinée

Cellou Dalein Diallo

Bebela Ebug

Le long Chemin de la Présidence de la Guinée

EdkBOOKS

Du même auteur :

Histoire de l'Union des Forces Démocratiques de Guinée, UFDG.

©EdkBOOKS – Avril 2018
ISBN : 978-1987666748

Introduction

Parmi les hommes politiques qui auront marqué la Guinée au cours des vingt dernières années, Cellou Dalein Diallo occupe une place de choix. Il a longuement exercé de hautes fonctions au sein de la République, a été Premier ministre, s'est porté candidat à la Magistrature suprême, et est incontestablement actuellement la figure de l'alternance politique la plus crédible du pays. Nombreux sont les Guinéens qui, de ce fait, lui prédisent tôt ou tard l'exercice de la fonction présidentielle. François Mitterrand en France n'a-t-il pas à deux reprises perdu le scrutin menant à celle-ci ? Puis, ne l'a-t-il pas finalement exercée deux mandats de suite ? Pour quelle raison n'en serait-il pas de même pour Cellou Dalein Diallo ?

Il est avant tout un infatigable bâtisseur. Cela est reconnu de tous, y compris par ses adversaires politiques en Guinée. Innover fait partie de son ADN. Partout où il a occupé d'importantes fonctions tant administratives que politiques, il l'a toujours fait. En conséquence, il n'est point à douter que le jour où il parviendra à la magistrature suprême, le pays connaîtra d'énormes changements. En attendant, il présente déjà, bien avant ce jour heureux, le visage d'un homme d'Etat.

Chapitre I :

Homme d'Etat avant le pouvoir.

Peu nombreux sont les prétendants au pouvoir suprême en Guinée à ce jour qui bénéficient de la carrure politique de Cellou Dalein Diallo.

A – Haut fonctionnaire expérimenté.

Ce natif de Labé au centre de la Guinée, est avant tout un haut commis de l'Etat au parcours continu et exceptionnel. Banque Guinéenne

du commerce extérieur, Banque Centrale de la République de Guinée, Directeur général des Affaires Economiques et Monétaires, Administrateur général adjoint de l'ACGP, etc.

Le Président Sékou Touré, a été le premier à découvrir sa compétence. Il l'a sans hésitation aucune, nommé Directeur commercial, puis

Directeur de la comptabilité centrale de la SERCOM qui disposait de plus de 80 succurcales à travers le territoire national.

A la Banque Centrale, il a été au cœur de tous les programmes de réformes élaborés par le gouvernement guinéen en collaboration avec les Institutions de Brettons Woods.

Que n'a-t-il pas acquis comme expérience des négociations internationales de haut niveau à cette occasion ?

B – Ministre et Premier ministre.

Au mois de juillet 1996, sous le Président Lansana

Conté, il effectue son entrée au gouvernement de la Guinée, et évoluera jusqu'à devenir Premier ministre.

1996. Ministre des Transports, des Télécommunications et du Tourisme.

1997. Ministre de l'Equipement (Transports, Travaux Publics, Télécommunication et environnement).

2004. Ministre de la Pêche et de l'Aquaculture au mois de février. A la démission du Premier ministre François Lonsény Fall, il est désigné *Président du Groupe Economique du Gouvernement* chargé d'assurer, pendant la vacance du Premier ministre, la coordination de huit départements ministériels du secteur économique : Finances, Coopération, Plan, Mines, Agriculture, Commerce, Tourisme et Pêches. N'était-il pas déjà Premier ministre dans les faits ?

2004, 9 décembre. Il est filement nommé Premier ministre.

Avant d'accéder à cette très haute fonction dans la République, il a profondément marqué le pays par ses réalisations.

En sa qualité de Ministre des Travaux Publics, il a fait construire sur plusieurs fleuves de Guinée, jusque-là ne possédant que des bacs, des ponts : pont sur le Diani en Guinée Forestière, inauguré en 1999; pont sur le Niger à

Yirikiri, ouvert au trafic en 2000 ; pont sur le Niger à Djélibakoro; pont sur le Tin-kisso à Siguiri et pont sur la Fatala à Boffa, inaugurés, tous les trois, en 2004.

Dans le même temps, il est parvenu à réaliser plusieurs projets routiers, à la

faveur de financements obtenus sur le plan international :
route Sérédou-N'Nzérékoré-
Lola ; route Kouroussa-Kan-
kan; route internationale
Kankan-Siguiri Kourémalé ;
réhabilitation du tronçon km
36-Boffa ; etc.

Lorsqu'il devient Premier
ministre le 9 décembre 2004,
la tension politique est vive
en Guinée. En 2001, la réforme constitutionnelle prolon-
geant la durée du mandat
présidentiel à 7 ans et faisant
sauter le verrou de la limita-
tion de celui-ci est adoptée.
Une année plus tard, en
2002, les élections législatives
organisées sont qualifiées par
l'opposition de « *farce électorale* ». Une année plus tard de

nouveau, en 2003, malgré tout, une loi d'amnistie est promulguée, et vient quelque peu détendre l'atmosphère politique dans le pays. Au mois d'avril 2004, la démission du Premier ministre Fall est la conséquence d'une profonde divergence de vue avec le Président Lansana Conté sur la conduite des affaires de la nation, notamment la persistance de l'absence de dialogue avec les forces vives de la nation, entre membres du gouvernement, avec les acteurs politiques nationaux comme internationaux.

L'acceptation du poste de Premier ministre par Cellou Dalien Diallo est donc dans ces conditions perçue comme une décision bien courageuse. Parviendrait-il à s'entendre avec le très rigide et autocrate Lansana Conté ?

En fait, selon toute vraissemblance, le choix de Cellou Darlien Diallo comme Premier ministre, était une tentative de rassurer les bailleurs de fonds internationaux en froid avec la Guinée depuis quelque temps.

Quoi qu'il en soit, Cellou pour sa part s'attellera à décrisper quelque peu l'atmosphère politique nationale et à calmer les tensions sociales. Pour cela, il entreprendra de recevoir dans ses bureaux les leaders politiques et sociaux. A son actif, on relève également-

ment la libéralisation des ondes, et l'arrêt de la chute de la
monnaie nationale.

Deux années plus tard seument, le 5 avril 2006, il est
limogé pour « *faute lourde* »,
sans autre précision, par Lansana Conté.

Chapitre II :

Leader d'un grand parti politique, l'UFDG.

L'Union des Forces Démocratiques de Guinée, en abrégé, UFDG, est actuellement le premier parti d'opposition du pays. Il compte des milliers d'adhérents à travers le territoire national. Il jouit en plus d'une redoutable capacité de mobilisation qui ne manque pas, chaque fois qu'il se déploie sur le terrain, d'inquiéter le pouvoir.

A – Un parti bien organisé et
   vivant.

L'*Union des Forces Démocratiques de Guinée*, UFDG,
n'est pas un « *parti* » strapontin du genre habituellement
créés par l'ego d'individus à
la touche afin de négocier des
positions de pouvoir : postes
ministériels, nomination à de
hautes responsabilités dans
l'Etat, « *ralliement* » au parti
du Président de la République dans une démagogique
« *majorité présidentielle* ». Il est
un authentique parti politique qui compte sur les élections pour conquérir le pouvoir et l'exercer. Cette caractéristique de l'UFDG découle du processus ayant conduit

à sa naissance. Plusieurs organisations réunies au siège du *Centre National de Perfectionnement en Gestion*, CNPG, à Donka, au mois de septembre 1991, avaient décidé de fusionner pour créer un parti politique auquel elles ont attribué le nom d'*Union des Forces Démocratiques*, en abrégé UFD.

Ces organisations étaient, l'*Union des Forces Démocratiques de Guinée*, UFDG, de Bah Oury et amis, l'*Union des Forces Patriotiques*, UFP de Mamadou Baadicko Bah et amis résidents au Cameroun, le *Parti de l'Unité et de la Renaissance*, PUR, de feu le Professeur Alpha Ibrahima Sow, le *Forum Démocratique de Guinée*, FODEG, créé par des Guinéens résidents en Côte d'Ivoire et le Mouvement estudiantin.

La rencontre de Donka a été ce qu'il est communément appelé dans le jargon de la politique, un « *congrès constitutif* », en bonne et due forme. Si comparaison était raison, il n'est guère inutile de rappeler que c'est également de cette manière qu' avait vu le jour le PS en France en 1991 dans la ville d'Epinay, en banlieue parisienne.

D'abord, *Union des Forces Démocratiques*, tout court, il deviendra *Union des Forces Démocratiques de Guinée*, U-FDG, à l'issue d'un congrès extraordinaire tenu au mois d'août 1997, soit six années après sa création. Cette décision démontre à suffisance que l'UFDG n'est en aucune manière un parti « *personnel* », ni « *familial* ». Dans un autre pays africain, un parti politique, après sa naissance, s'est totalement rétréci au point de devenir un parti « *conjugal* », dans lequel les seules personnalités en vue en sont le « *Président national* », un ancien ministre, et son épouse. Cela est tout bonnement impensable dans l'UFDG.

Cellou Dalein Diallo, qui en est actuellement le Président, y a adhéré longtemps après sa naissance, au mois de novembre 2007, une année après qu'il ne fut plus Premier ministre. Par la suite il sera investi Président du parti, procédure classique qui témoigne du fonctionnement démocratique d'un parti politique digne de ce nom. Bâ Mamadou qui en était Président, est devenu quant à lui Président d'honneur.

Depuis sa création en 19-91, l'UFDG tient régulièrement ses congrès, tant ordinaires qu'extraordinaires, affine sa ligne politique, envisage des alliances avec d'autres partis politiques en présence, ou pas. Sa structure est calquée, pour des besoins d'efficacité, au découpage administratif du pays. Il est ainsi constitué d'un *Comité de base* au niveau du district rural, du quartier des villes de l'intérieur ou du secteur de Conakry; d'une *Section* au niveau de la sous-préfecture, de la commune des villes de l'intérieur et du quartier de Conakry ; d'une *Fédération* au niveau de la préfecture, de la commune à Conakry et dans les pays étrangers où résident des membres du Parti ; d'un *Bureau Exécutif* au niveau national au sein duquel sont élus les Vice-présidents, les membres du *Conseil Politique* et les Secrétaires Nationaux.

Tout ce qui précède fait de l'UFDG une authentique machine électorale.

B- Une formidable machine électorale.

En fait, les créateurs de l'UFDG ont bien assimilé une loi fondamentale de la politique : il ne suffit pas de présenter un bon programme aux électeurs ou un bon candidat, c'est-à-dire un personnage populaire, pour remporter un scrutin. Il faut impérativement une combinaison de ces deux facteurs, certes, mais à l'appui, une vraie machine électorale. Sans cette dernière, point de victoire possible. Cela devient tout simplement du putschisme.

Lors de l'élection présidentielle de 1995 en France, Edouard Balladur était infiniment plus populaire que Jacques Chirac. Il avait avec lui les media, les sondages, et la nouveauté politique. Jacques Chirac de son côté de toute évidence, était déjà usé par deux défaites électorales consécutives à la présidentielle, en 1981 et en 1988 contre François Mitterrand. Il était ainsi plus ou moins perçu par une large frange des électeurs de son camp comme un *looser*. Nombreux étaient de ce fait ceux qui pensaient qu'il n'allait même pas pouvoir se qualifier pour le second tour de l'élection.

Mais, à la différence de Balladur, lui, il contrôlait le parti auquel ils appartenaient tous les deux, le RPR. Il disposait de ce fait d'un atout considérable, une authentique machine électorale prête à se mettre en branle pour lui, pendant que son adversaire quant à lui ne disposait

que des media. On sait comment cela s'est terminé…

Les dirigeants de l'UFDG ont bien compris qu'il ne fallait nullement tomber dans ce piège. Ils se sont attelés à faire de leur parti une authentique machine de guerre destinée à conquérir pacifiquement, bien entendu, les suffrages des Guinéens, nonobstant la popularité des personnes choisies pour représenter l'UFDG aux différentes élections.

Les fruits du travail qu'ils ont abattu ne se sont pas fait attendre. L'UFDG est arrivé en tête, avec Cellou Dalein Diallo au premier tour de l'élection présidentielle de 20-10, devançant de très loin tous ses concurrents. Il s'en était même fallu de peu pour que son candidat soit élu dès ce premier essai.

Au second tour, d'énormes combines politiques se sont mises en branle contre lui…

Chapitre III :

Vainqueur du 1er tour de la présidentielle de 2010.

Première fois candidat à la magistrature suprême, Cellou Dalein Diallo est parvenu à se hisser en tête au 1er tour du scrutin présidentiel de 20-10, en réalisant un score de 43,69% des voix. Il s'est retrouvé à moins 6% de voix seulement pour être élu sans 2ème tour. Si le scrutin avait été à un tour uniquement ainsi qu'il l'est dans de nombreux pays africains, il serait devenu Chef de l'Etat Guinéen en 2010.

A – La victoire du 1ᵉʳ tour
en 2010

Cette victoire du 1ᵉʳ tour de la présidentielle, de toute évidence, tenait à deux très importants facteurs : d'abord l'incontestable aura de Cellou Dalein Diallo, et l'exceptionnelle mobilisation effectuée par l'UFDG.

L'incontestable aura de Cellou Dalein Diallo.

Des millions de Guinéens se sont souvenus de ses significatives réalisations dans la totalité des Ministères qu'il a dirigés. Etre parvenu à réhabiliter des tronçons rou-

tiers pratiquement laissés à
l'abandon par ses prédéces-
seurs, à construire des ponts
sur des fleuves là où ré-
gnaient en maître absolu des
bacs, a considérablement im-
presionné la population. Si
déjà il avait pu changer le vé-
cu quotidien des Guinéens
en étant simple membre du
gouvernement, que ne ferait-
il pas alors en devenant Chef
d'Etat ? Telle était, à juste
raison, leur pensée.

Par ailleurs, son nom n'a-
vait jamais été mêlé à quel
qu'affaire de corruption, bien
qu'il se trouva, des années
durant, au centre de la négo-
ciation de colossaux financements pour le pays. De
manière habituelle, les ges-

tionnaires de ce genres de dossiers se retrouvent généralement bénéficiaires de juteuses rétro-commissions. Il n'en a rien été pour lui. Et c'est tout à son honneur, car un tel comportement est très rare sur le continent africain.

De très nombreux électeurs, en glissant leurs bulletins dans les urnes, n'ont pas manqué de s'en souvenir. Ils ont cru à ses déclarations sur l'avènement, s'il est élu, d'un Etat de droit, de la bonne gouvernance, de la réforme de l'Education, et du développement des infrastructures. Ils n'y percevaient aucune démagogie, ni de simples paroles électorales.

L'efficace campagne électorale de l'UFDG.

En appui à l'aura de Cellou, l'UFDG a mené une efficace campagne électorale à travers ses militants répartis sur toute l'étendue du territoire. Sa mobilisation a été phénoménale.

B – La défaite au 2nd tour.

On ne cessera pas de sitôt d'épiloguer sur le déroulement du second tour de cette historique campagne électorale. Cellou Dalein Diallo s'y était retrouvé opposé à Alpha Condé, une vieille figure de l'opposition au régime de Sékou Touré, d'abord, ensuite de Lansana Conté, et de Dadis Camara. Cela a-t-il joué en défaveur de Cellou Dalein Diallo ? Assurément pas, car si tel avait été le cas, cela aurait dû intervenir dès le premier tour. Or, Alpha n'y a recueilli que 18% des voix, soit presque le tiers de celles obtenues par Cellou. Pour quelle raison l'électorat s'est-il déporté majoritairement sur le nom d'Alpha Condé plutôt que sur le sien au second tour ? Cela demeurera très probablement pendant longtemps, une des énigmes de l'histoire de la Guinée contemporaine.

Malgré tout, il y a tout lieu de s'interroger sur l'impact du vote communautaire lors de ce second tour de la prési-

dentielle. En effet, le discours hors micro du camp
adverse a rapidement glissé
sur le terrain ethnique. Les
vrais arguments politiques ou
économiques attendus ainsi
qu'il est de coutume dans les
élections à travers le monde,
la confrontation des pro-
grammes, l'analyse des pro-
positions de Cellou et d'Alpha, ont été très rapidement

relégués au second plan. On peut dire que sur ce point, la démocratie guinéenne aura véritablement prouvé son immaturité.

Dans le même temps, une cabale savamment orchestrée a vu le jour, prétendant que Cellou était « *l'homme du néo-colonianisme français* », et que face à lui, se trouvait un digne héritier des grands résistants africains à l'invasion européenne. Quel aura été véritablement l'impact de ce discours très hautement dénigrant pour Cellou ? Difficile de savoir. Toujours est-il que dans un pays comme la Guinée qui avait dit « non » à de Gaulle le 28 septembre 1958, il n'aura pas manqué de réveiller de vieux sentiments anti-français enfouis dans la mémoire des gens. Au final, Cellou Dalein Diallo n'a pu que très légèrement améliorer son score du 1ᵉʳ tour. Il a cette fois-ci recueilli 47,48% des voix, et n'a pas été déclaré vainqueur.

Néanmoins, ce score, au vu de la formidable cabale dont il a été l'objet, aura été très honorable. Il y avait, en effet, tout lieu de craindre plutôt un net recul de son électorat au second tour. Or, il n'en a rien été.

Chapitre IV :

Une admirable gestion de la défaite au 2nd tour.

Il fallait attendre cinq longues années encore, avant de pouvoir briguer de nouveau le fauteuil présidentiel.

A – Appels au calme.

Au lendemain de la proclamation des résultats, il s'est produit un déchaînement de violences à travers le pays.

Mardi 16 novembre, elles ont causé un mort à Conakry et un en Moyenne Guinée.

Il y a également eu un mort à Dalaba. Dans la ville de Pita, un supporter de Cellou a été tué, pendant que 14 autres étaient grièvement blessés. A Ratoma, de violents affrontements entre ses partisans et l'armée ont également fait un mort et au moins une dizaine de blessés. Au total, on a estimé le nombre de blessés par balles, matraques et autres, à plus de 30 sur l'étendue du territoire. La Raddho, *Rencontre Africaine pour la Défense des Droits de l'Homme*, a affirmé qu'il y avait eu une dizaine de morts et 215 blessés.

Au vu de ce dramatique bilan, Cellou Dalein Diallo s'est trouvé obligé de lancer un appel aux autorités du régime de transition et tout particulièrement à son Président, le général Sékouba Konaté, pour qu'il ordonne aux forces de l'ordre de mettre un terme à l'assassinat des militants de l'UFDG. Il a profondément déploré la répression de ceux-ci dans les villes de Labbé, Pita, Dalaba et Mamou. Dans le même temps, il a, en conséquence, demandé à ses électeurs d'éviter les provocations et les violences de toute nature, en attendant que ses recours à la Cour suprême soient examinés. Les résultats étant provisoires, il fallait attendre leur proclamation officielle et définitive.

Le général Sékouba Konaté, de son côté, a décrété l'Etat d'urgence et le couvre-feu sur toute l'étendue du territoire, jusqu'à la publication des résultats officiels par la Cour suprême.

B – Un déclaré battu
        très digne.

Une fois que la Cour Suprême a confirmé, le 30 novembre 2010, la « *défaite* » de Cellou Dalein Diallo, on se serait attendu à ce qu'il plongea le pays dans une grande agitation. Que non.

Au Cameroun, en 1992, le vaincu de l'élection présidentielle avait passé une année entière à tenter de paralyser sa région natale. Celle-ci se situant loin de la capitale du pays, Yaoundé, cela n'avait eu pratiquement aucun impact sur la vie nationale. Il s'est finalement lui-même lassé de le faire.

Au Gabon, en 2009, il en a été tout autrement. André Mba Obame, le candidat battu, s'était lancé dans une très longue contestation de sa défaite, qui n'avait pris fin qu'à sa mort survenue six années après la fin du scrutin, à savoir, en 2015.

En Côte d'Ivoire, en 2010, Laurent Gbagbo a refusé de reconnaître sa défaite. On a vu ce qui s'en est suivi.

En Gambi, Yaya Djamé a également refusé de reconnaître sa défaite à l'élection présidentielle. Il aura fallu des trésors d'énergie pour l'amener à quitter le pouvoir.

Au Gabon, encore, Jean Ping, le candidat malheureux de la présidentielle de 2016, s'est à son tour lancé dans le même type d'interminable et peu productive contestation. Finira-t-il par obtenir gain de cause ? Bien malin qui pourrait le dire.

Cellou Dalein Diallo, pour ce qui le concerne, n'a guère entrepris ce genre d'action. Il a démocratiquement et très dignement accepté le verdict de la Cour suprême.

Tel est le comportement d'un homme d'Etat. On peut perdre une élection, et en gagner une autre. C'est la loi de la politique.

Chapitre V :

La lutte politique sur le terrain.

Cellou Dalein Diallo, le moins que l'on puisse dire, n'est guère un général qui reste au chaud dans son état-major pendant que ses troupes se battent dans les tranchées. Il anime personnellement de très nombreux meetings. Il est un Président de parti proche des militants de base de celui-ci.

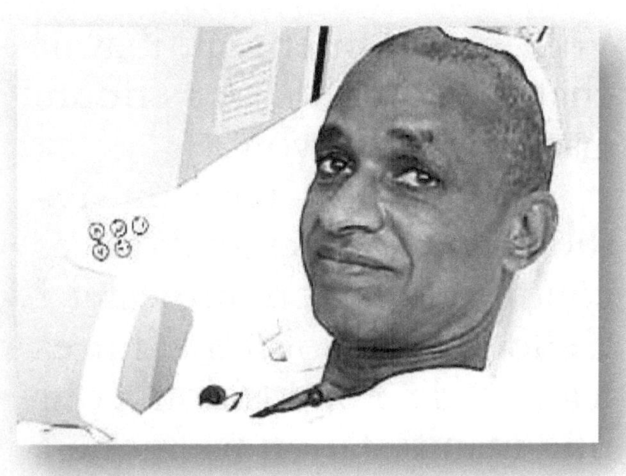

A – Présent le 28 septembre
     2009 au stade.

  Moussa Dadis Camara, chef
de la junte militaire ayant
pris le pouvoir à la mort de
Lansana Conté, on s'en sou-
vient, avait promis de ne pas
se porter candidat à l'élection
présidentielle, autrement dit,
à ne pas conserver la pouvoir
après la période de transition.

Voilà que subitement, il avait changé d'opinion, sans doute grisé par le pouvoir.

Que pouvait faire un authentique démocrate dans ces conditions, sinon protester ? Cellou s'était joint à d'autres leaders de l'opposition pour une manifestation pacifique à cet effet. La suite on la connaît : carnage, 150 morts ; propos haineux à l'endroit des militants de l'UFDG, et à caractère communautaire.

« Déclaration de la fédération de l'UFDG Belgique suite au massacre du 28 septembre 20-09 en Guinée-Conakry

C'est avec une profonde indignation que les membres et sympathisants de la fédération de l'UFDG, *U-*

nion des Forces Démocratiques de Guinée, Belgique ont suivi le carnage contre le peuple martyr de Guinée en ce jour historique du 28 septembre 2009 par les soldats du CNDD. Cette journée organisée par le *Forum des Forces Vives de Guinée* s'inscrivait dans un contexte de mobilisation pacifique contre la candidature du chef de la junte, le Capitaine Moussa Dadis Camara au pouvoir depuis le 23/12/2008. Répondant à l'appel des Forces Vives (*Partis Politiques, organisations syndicales, Société Civile*), la population de Conakry s'était fortement mobilisée pour exprimer sa soif de liberté et de démocratie et contre le militaire en place. Face à cette forte mobilisation, les autorités militaires sous l'ordre du Capitaine Moussa Dadis Camara ont ordonné une répression sanglante des manifestants par des tirs à balles réelles, dans un stade du 28 septembre plein à craquer, encerclé de militaires. Ceux-ci se sont livrés à de véritables actes de barbarie et de boucherie humaine. (...)

Des tueries jamais perpétrées en Guinée en une demie – journée avec plus de 300 morts selon diverses sources; plus de 2000 blessés dont les enfants mineurs, les femmes, les jeunes, les personnes âgées; arrestations, incarcérations et détentions de milliers de manifestants au camp Alpha Yaya Diallo, fief de la junte militaire; arrestation de responsables de partis politi-

ques dont le Président El-hadj Cellou Dalein Diallo ainsi que le Vice-président M. Bah Oury de l'U-FDG et beaucoup d'autres membres et sympathisants de l'opposition brutalisés, blessés, humiliés, arrêtés et traînés sauvagement vers le camp Alpha Yaya avant d'être transportés à l'hôpital pour des soins, sous surveillance militaire »[1].

En dépit de ces brutalités et des discours communau-

---

[1] - http://guineelibre.over-blog.com/article-36813320.html

taires haineusement déve-
loppés par certains, cette manifestation a précipité la chute de la junte militaire, et
accéléré en conséquence, le
retour à la démocratie. C'est
ce que l'Histoire a retenu.
Cela est à inscrire à l'actif de
Cellou Dalein Diallo.

Tôt ou tard, un obélisque
sera élevé quelque part dans
la ville de Conakry, sur lequel seront gravés en lettres
d'or les noms des martyrs de
la démocratie tombés ce jour
fatidique.

B – La bataille pour des
      législatives.

L'élection présidentielle de
2010 passée, la bataille poli-

tique qui a suivi a été celle de l'organisation d'élections législatives.

C'est une maladie récurrente des dirigeants guinéens que de tergiverser sur l'organisation d'élections. Alpha Condé devenu Président de la République, est tombé pieds joints dans ce syndrome. Les élections législatives étaient prévues pour l'année 2011. Il s'est mis à inventer toutes sortes de raisons pour ne pas convoquer le corps électoral, en tout cas mettre en difficulté l'opposition en les organisant tel qu'il le souhaitait.

Manifester étant un droit constitutionnel en Guinée, Cellou Dalein Diallo s'en sert toutes les fois que cela s'avère nécessaire, qui plus est, lorsqu'il s'agit de faire bouger les lignes, de faire avancer la démocratie. Il s'est mis à organiser des manifestations dans le but de contraindre le pouvoir à arrêter une date consensuelle pour les élections législatives. Au cours de ces manifestations, il n'a eu de cesse d'exiger la libération des militants de l'UFDG enfermés.

Finalement, son action a été payante. Le 3 juillet 2013, un accord a été signé. Il y a été convenu que le scrutin législatif devrait se tenir 84 jours après la signature de l'accord. Par ailleurs, l'opérateur technique sud-africain

Waymark a été finalement retenu pour le recensement des électeurs. Il a en outre été décidé que cet opérateur devra présenter son travail à des experts électoraux des deux camps pour être accepté. Aspect particulièrement important de l'accord, le gouvernement s'est engagé à garantir la sécurité et l'intégrité physique des citoyens et des dirigeants politiques.

Chapitre VI :

Bon score aux législatives de 2013.

Ayant poussé et obtenu du pouvoir l'organisation des élections législatives pas totalement aux conditions frauduleuses qu'envisageait celui-ci, Cellou Dalein Diallo a lancé l'UFDG dans la bataille. Il est parvenu à obtenir, contre le gré du régime en place, 37 députés sur les 114 que compte la chambre. Cela correspond à 32% des élus. Toutefois, la pré-campagne électorale, une fois de plus, malheureusement, aura été sanglante, tellement les militants de l'UFDG étaient déterminés à ne pas se laisser voler leur vote.

A – Une pré-campagne électorale à nouveau sanglante et haineuse.

Pour arracher au pouvoir, même sans consultation véritable, la date du 28 septembre 2013 pour la tenue des législatives, la bataille aura été rude. Elle se sera soldée par un grand nombre de blessés, environ 350, selon de sources crédibles, et une cinquantaine de personnes ayant perdu leurs vies. La constitution garantit le droit de manifester dans la rue aux Guinéens. Mais, toutes les fois que ceux-ci décident d'en jouir, ce sont les armes des « *forces de l'ordre* » qu'ils retrouvent sur leur chemin. Ceci constitue un véritable drame en Guinée. Le pouvoir, très probablement, pense décourager les Guinéens à jouir de ce droit qui permet parfois à l'UFDG de rassembler cent mille personnes dans la rue. Et naturellement comme toujours, le discours des défenseurs du pouvoir a rapidement viré à l'invective communautaire, démontrant ainsi la pauvreté de leur argumentation, pour ne pas dire la peur que leur inspire l'UFDG.

Dans le même temps, les listes électorales se sont mises à être tripatouillées, pour handicaper l'UFDG et l'empêcher ainsi de remporter le scrutin.

Au sujet des violences et de la fraude électorale, voici ce qu'en dit, en France, le *Figaro*, quotidien parisien de la droite :

> « des heurts ont opposé forces de l'ordre et militants de l'UFDG, faisant un mort et 70 blessés. Et les partisans de Cellou Dalein Diallo ne cessent de dire qu'ils sont prêts à s'opposer par la force à une élection qu'ils jugeraient frauduleuse. Le gouvernement martèle qu'il n'entend pas lais-

ser la violence s'installer. Ces rivalités ont totalement balayé les programmes, et notamment les pistes pour développer la Guinée. »[2]

B – 37 élus malgré tout.

Le scrutin ayant été émaillé comme d'habitude de très nombreuses irrégularités, et la commission électorale n'ayant concédé que 37 élus à l'UFDG parmi les candidats qu'elle a présentés, des recours ont naturellement été déposés à la Cour suprême. Sans grande surprise, le 25 novembre 2013, celle-ci a validé les résultats provisoires publiés par la *Commission*

---

[2] - http://www.alterinfo.net/RAPPORT-GUINEE-1ere-partie-DES-ELECTIONS-LEGISLATIVES-2013-SOUS-HAUTE-TENSION_a95325.html

Electorale Nationale Indépendante. Elle a reconduit les 37 élus de l'UFDG, sans un de plus.

Quoi qu'il en soit, pour maître Thierno Souleymane Diallo, avocat de l'UFDG, la justice guinéenne a raté une occasion de prouver son indépendance :

> «La cour déclare qu'elle est incompétente de connaître les réclamations déposées par les partis politiques. Et nous savons qu'elle est la seule juridiction de ce pays à connaître les requêtes déposées par les candidats. Quand elle se déclare incompétente, dans ces conditions de quels autres moyens disposons-nous pour déposer nos requêtes ?

Nous, nous estimons que c'est un arrêt déplorable, qu'on a raté une occasion, pour justement montrer, non seulement l'indépendance de la justice guinéenne, mais aussi sa crédibilité.»[3]

---

[3] - http://www.rfi.fr/afrique/20131116-guinee-resultats-legislatives-confirmes-cour-supreme

Chapitre VII :

La seconde élection présidentielle.

La seconde élection présidentielle depuis le retour de la démocratie en Guinée s'étant soldée par une victoire au premier tour du candidat président sortant, la grande question qui s'est posée, est celle tout naturellement des fraudes.

A – Fraude à ciel ouvert.

Quelle est la face cachée de cette singulière victoire du Président sortant ? Réponse :

une bien étrange augmentation du nombre de votants dans le fief de ce dernier. Le Président de l'UFDG, Cellou Dalein Diallo, n'a pas manqué de relever cette anomalie :

> « Lorsque, dans une élection, le président de la Commission électorale décide que tout détenteur de carte électorale peut voter, avec ou sans enveloppe, en violation du code électoral, le caractère illégal du scrutin saute aux yeux »[4].

Le point de vue d'*International Crisis Group*, une ong internationale :

---

[4] - http://www.jeuneafrique.com/mag/274424/politique/guinee-les-lecons-dune-reelection/

« C'est comme si les électeurs de Haute-Guinée votaient plus, mieux et faisaient moins d'erreurs que les autres. Il y a des anomalies sur la constitution du fichier électoral et sur la distribution des cartes. On a vu la population électorale augmenter de manière très forte dans la zone où le président est très fort. Évidemment, cela pose question. Mais signaler cette bizarrerie statistique, cela crée une suspicion mais ne démontre pas une fraude. »[5]

En effet, dans le fief du Président sortant, le taux de participation est nettement plus élevé qu'ailleurs selon les résultats de la Ceni. Il atteint 82,28 %, alors qu'il se situe entre 60 % et 70 % dans les autres régions du pays et dans l'agglomération de Conakry. A l'évidence, la Ceni y a distribué beaucoup plus de cartes d'électeurs et y a assoupli les règles de vote en plein scrutin.

Cette technique d'accroissement inattendu des votants dans le fief du Président sor-

[5] - http://www.jeuneafrique.com/mag/274424/politique/guinee-les-lecons-dune-reelection/

tant a été récupérée l'année suivante au Gabon par Ali Bongo contre Jean Ping. On peut de ce fait dire que le RPG a initié une nouvelle technique de fraude électorale en Afrique.

Ainsi qu'il fallait s'y attendre, des protestations ont suivi cette singulière élection et les « *forces de l'ordre* », comme à l'accoutumée, ont tiré. Telle est leur marque déposée en Guinée, en opposition totale avec la disposition de la constitution du pays qui octroie le droit aux Guinéens d'organiser des manifestations publiques, à travers notamment des marches.

B – Des personnes tuées.

La presse nous a rendu compte de la déclaration d' *Amnesty International*, au sujet des violences consécutives au scrutin :

> « Jeudi, en conférence de presse, le directeur adjoint *d'Amnesty International* pour l'Afrique de l'Ouest et du Centre Stephen Cockburn a dénoncé les violences électorales souvent encouragées par l'impunité dont jouissent les forces de sécurité. Ces violences enregistrées à la veille du scrutin et au lendemain de l'élection présidentielle sont dues à l'inertie des forces de sécurité face aux pillages des boutiques et magasins intervenus dans certains

marchés de Conakry. D'ailleurs, beaucoup de témoignages font état de l'implication des services de sécurité dans lesdits pillages. *« Des éléments démontrent que des agents des forces de sécurité guinéennes ont tué ou blessé des civils sans armes »*, accuse dans son communiqué *Amnesty International*, qui ajoute que *« rien ne peut justifier d'avoir tiré sur ces personnes ni de ne pas engager la responsabilité pénale des auteurs présumés des coups de feu »*. François Patuel, chercheur à *Amnesty International* est très amer: *« tant que les autorités toléreront que les forces de sécurité fassent usage d'armes à feu contre la population, il sera impossible d'instaurer un climat de confiance et de mettre fin aux violences électorales ré-*

currentes en Guinée ». Selon *Amnesty International* citant des témoins oculaires, les trois personnes tuées à Conakry « *n'avaient pas pris part aux violences et n'étaient pas armées* ». L'organisation de défenses des droits de l'Homme a dénombré près d'une centaine de blessés et une quinzaine de morts à Conakry et dans les provinces. Aujourd'hui, l'Ong sollicite une bonne formation et une bonne éducation des services de sécurité mais elle réclame surtout la fin de l'impunité en Guinée pour mettre fin aux violences »[6].

---

[6] - http://leguepard.net/2015/10/23/violences-en-guinee-amnesty-international-appelle-a-la-fin-de-limpunite/

On aurait pu penser que des déclarations telles que celle qui précède seraient de nature à amener le pouvoir à tempérer sa violence à l'endroit des militants de l'UF-DG. Que non, lors des municipales de 2018, les prétendues « *forces de l'ordre* » sont de nouveau entrées en action et le sang a continué à couler dans leur plus grande impunité.

Chapitre VIII :

La grande conquête des municipales : Conakry.

Les municipales du 4 février 2018, en dépit du sang qui a une fois de plus, et de trop, coulé, ont été bénéfiques pour Cellou Dalein Diallo. Il est parvenu à conquérir la capitale de la Guinée, la ville de Conakry.

A – Si comparaison était raison : Chirac et Paris

Contrôler la capitale d'un pays, constitue généralement

pour un homme politique,
comme pour un parti, un
bon présage pour l'accession
au pouvoir suprême par la
suite. Cela s'est maintes fois
vérifié tout au long de l'Histoire.

Le cas le plus connu par
les Africains, conséquence de
la colonisation, est celui de
Jacques Chirac. Lorsque celui-ci démissionne de ses
fonctions de Premier ministre au mois d'août 1976, il a

commencé par se faire réélire député à la place de son suppléant qui lui cède volontiers le mandat au mois de novembre de la même année. Puis, en décembre, il transforme le parti auquel il appartenait, l'UDR, en RPR. Il en devient naturellement le chef. Au mois de janvier 1977, il se porte candidat à la mairie de Paris. Finalement, au mois de mars 1977, il est élu Maire de Paris. Il en fera un formidable tremplin pour le Palais de l'Elysée.

Mais il y a également le cas de Willy Brandt, homme politique allemand. Après avoir été maire de Berlin de 1957 à 1966, il fera prendre le pouvoir au SDP, son parti, trois années plus tard, en sa qualité de président de celui-ci, et sera Chancelier fédéral de 1969 à 1974.

Voici que l'UFDG est majoritaire à Conakry en dépit des vaines combines du pouvoir pour lui faire perdre cette hégémonie sur la capitale de la Guinée, comment ne pas penser à un futur comparable à celui du RPR en France, avec Jacques Chirac, ou à celui du SPD en Allemagne avec Willy Brandt ?

B – Bâtir prend du temps.

Quoi qu'il en soit, bâtir prend du temps parce que c'est une action très difficile. Aujourd'hui, nombreux sont les Guinéens qui admirent le fonctionnement de la démocratie en Europe ou en Amérique. Mais, ce qu'ils ne savent pas toujours, c'est que pour en arriver là, d'innombrables personnes ont passé leur entière existence à lutter pied à pied contre l'arbitraire pour l'avènement de la justice, de l'équité dans la société, et de la transparence dans les élections. C'est le combat que mène courageusement Cellou Dalein Diallo, à la tête de l'UFDG, le combat de la construction de la démocratie en Guinée. Il n'a pas uniquement bâti des routes et des ponts par le passé, il bâtit actuellement dans le présent, la liberté, pour le très grand bonheur des Guinéens, toutes ethnies et toutes religions confondues.

Ce travail ingrat, naturellement, est le balisage de la voix qui mène au pouvoir suprême. Dans un avenir très proche, Cellou Dalein Diallo, tout porte à le croire, y parviendra. Et lorsque se produira cet heureux événement, cela ne sera qu'une juste rétribution d'une colossale bataille courageusement menée des années durant.

Annexe :

Interview de Cellou Dalein Diallo au magazine français Le Point, 2 mars 2018.

Le Point Afrique : lors de la dernière assemblée générale de l'UFDG, vous avez appelé vos manifestants à « maintenir le cap ». La stratégie est-elle donc de poursuivre les mobilisations ?

Cellou Dalein Diallo : oui, nous voulons mettre un terme à la fraude électorale qui nous a causé préjudice. Lors des élections, on s'investit, on dépense de l'argent, on dépense de l'énergie, on réussit finalement à convaincre des électeurs, et puis Mr Alpha Condé s'arrange pour confisquer nos suffrages ou les annuler, et se déclarer vainqueur. C'est ce qui s'est passé lors de la présidentielle de 2010, aux législatives de 2013, et lors de la présidentielle de 2015 où il a organisé ce qu'il a lui-même appelé « un coup K.-O. ». Cette fois-ci, l'UFDG s'est organisée pour limiter les fraudes au niveau des bureaux de vote en déployant de jeunes cadres bien formés, notamment dans la capitale, et en leur demandant de rapporter une copie des procès-verbaux à l'issue du dépouillement. Lorsque le pouvoir s'est rendu compte qu'il avait perdu dans les bureaux de vote, il a décidé de se rattraper au niveau des commissions administratives de centralisation des votes. C'est là qu'on a vu une annulation injustifiée de procès-verbaux dans des zones où l'UFDG gagnait largement.

Selon vous, les résultats officiels ne correspondent-ils pas à la somme des résultats obtenus dans chaque bureau de vote ?

Oui. On a compris que les résultats ont été rehaussés pour le RPG Arc-en-ciel (Rassemblement du peuple de Guinée, parti au pouvoir) dans certains bureaux de vote, et minimisés pour l'UFDG. Donc on exige qu'ils prennent en compte les vrais résultats.

Maintenir le cap, alors qu'une partie de la population se dit « fatiguée » par ces manifestations récurrentes, ne crée-t-il pas un dilemme ?

C'est un choix difficile. D'un côté, la Constitution nous donne le droit de manifester et, de l'autre, les forces de défense et de sécurité répriment dans le sang ces manifestations. En allant manifester, on sait donc qu'on court un risque de se faire tuer. Mais on ne peut pas accepter que nos droits soient violés, que les élections ne soient pas organisées aux échéances prévues et que, lorsqu'elles se tiennent, on truque les résultats. Les militants sont déterminés à se battre pour que les résultats publiés soient conformes aux résultats obtenus dans les bureaux de vote.

Les mobilisations de l'opposition intègrent généralement une journée « ville morte », durant laquelle l'économie tourne au ralenti. Cela pèse-t-il dans la balance au moment de décider de poursuivre la contestation ?

Oui, bien sûr. De bonnes volontés viennent nous voir pour nous demander d'arrêter les manifestations en nous disant que ce n'est pas bon pour l'économie, pour la société, ou pour nos manifestants qui risquent de se faire tuer. Mais nous répondons que Mr Alpha Condé doit arrêter de confisquer les suffrages de ses concurrents et dire aux forces de défense et de sécurité d'arrêter de tuer des manifestants. C'est le prix à payer si on veut préserver la paix. On n'obtient pas la paix en exhortant à la paix ou en rappelant ses avantages et ses vertus. On obtient la paix par la justice et par le respect du droit des autres.

Vous dénombrez 94 morts depuis 2011 dans des manifestations de l'opposition ou des grèves. Que sait-on des circonstances de ces décès ?

Les policiers et les gendarmes font usage de leurs armes à feu contre des manifestants. Même si on sait que ces manifestants sont parfois les premiers à leur jeter une pierre, ce n'est pas la sanction adaptée. On peut les poursuivre et les juger pour le délit qu'ils ont commis, mais on ne peut pas tirer à bout portant sur quelqu'un sans être poursuivi, ni même écoper d'une sanction administrative. On pourrait considérer qu'il s'agit d'une bavure si cela concernait deux ou trois personnes. Mais 94 personnes, c'est inacceptable, surtout quand on sait qu'aucune d'entre elles n'a eu droit à une commission d'enquête ou à la compassion des autorités de ce pays. Nous protestons donc aussi pour réclamer justice pour ceux qui sont morts et pour demander qu'on mette fin à l'usage des armes à feu pendant les manifestations pacifiques. Nous souhaitons enfin qu'une commission d'enquête internationale identifie les auteurs de ces crimes. Car, aujourd'hui, Mr Alpha Condé a tendance à dire que ce sont les opposants qui s'entre-tuent.

Ne faut-il pas mettre un terme à la mobilisation pour éviter de nouvelles pertes humaines ?

Manifester est un droit, tuer est un crime puni par la loi. Pourquoi ne punit-on pas ceux qui violent la loi ? Pourquoi ne respecte-t-on pas le calendrier électoral ? Les législatives devaient être organisées en mars 2011. Mr Alpha Condé a refusé de les organiser. Nous avons dû protester, et ces manifestations ont été réprimées dans le sang. Est-ce qu'on doit renoncer à nos droits, et notamment au droit à des élections justes et transparentes ? La responsabilité se situe du côté du pouvoir. Nos manifestations sont autorisées par la Constitution. On exerce ce droit quand aucun autre recours ne marche. Chaque fois qu'un dialogue est proposé, nous participons pour tenter d'aplanir nos différends autour de la table et d'éviter d'aller dans la rue. La rue nous coûte très cher.

Table

www.ingramcontent.com/pod-product-compliance
Lightning Source LLC
Chambersburg PA
CBHW031418250726
48656CB00002B/723